Saint-Igny

ELEMENS
DE
POVRTRAITVRE
OV
La metode de representer
& pourtraire toutes les
parties du corps humain.

Par le Sieur de S. IGNY.

A PARIS.
Chez Francois l'Anglois dit Chartres
rue S. Jacques aux colonnes d'Hercule
contre le Lyon d'Argent
auec Priuilege du Roy.

A MONSEIGNEVR

Mʳᵉ MICHEL LARCHER

CHEVALIER SIEVR D'OLISY, &c.
Conſeiller duRoy en ſesConſeils,
& Preſident en ſa Chambre des
Comptes.

MONSEIGNEVR,

Ayant recogneu l'af-
fection que vous portez
à toutes les Sciences, & principale-
ment à celle de Pourtraicture, & de
quel œil vous daignez voir ceux qui
en font profeſſion. I'ay pris la har-
dieſſe de vous offrir ce petit Liure,
traittant la maniere de pourtraire

ã ij

la plus noble & principale partie du
petit monde l'homme ; sçauoir la teste, de laquelle vous pourrez voir la
differente Pourtraiture, soit qu'elle
soit en sa scituation naturelle, soit
qu'elle soit inclinée, ou reflechie, ou
l'vne & l'autre ensemblement, tant
en comparaison de la teste veuë, que
de l'œil qui la regarde. Le present est
fort petit, bien que le subiect ne me-
rite d'estre refusé ; mais l'affection
de celuy qui vous le presente est grande, comme estant celuy qui n'aspire
que d'estre

Vostre humble & af-
fectionné seruiteur
de S. Igny.

AV LECTEVR

AMY LECTEVR, voyant
que depuis vn ſi long-temps
que la Peinture & Pourtraiture eſt en
vogue & credit, perſonne ne s'eſtoit
efforcé de donner la parfaite maniere de pourtraire la figure humaine,
au moins que ie ſçache (ſinon Albert
Durer qui en a diſcouru quelque
choſe, dequoy tu pourras faire iugement le liſant, & de combien il s'eſt
eſloigné de la verité. I'ay voulu pour
aider à la ieuneſſe, & aux rudes en l'art
de pourtraire, donner au iour quatres
liures de ladite portraiture, deſquels
l'ordre eſt tel. Le 1. traite de la maniere de deſigner & portraire la teſte humaine en quelque ſorte de ſcituation
& poſture quelle ce puiſſe récontrer,
tant à ſon reſpect, que de celuy qui la

regarde, me seruant en cecy pour la
facilité de quelques principes & de-
monstrations Geometriques. Le 2. est
toute la figure humaine en sa charnure auec toutes ces differentes dis-
positions & postures, en laquelle il se
peut rencontrer, nous seruant aussi
comme en tous les deux liures suiuát
des raisós de la Geometrie pour trouuer promptement les racourcissemés
inclinations & reflections de tous les
membres.   Au 3. nous traictons du
squelet ou portrait de l'Anatomie, &
finalement au 4. des corps reuestus
& estoffés de draperie, ou autres or-
nemens: Voila mon labeur, reçois-
le d'vn bon cœur, afin de me donner
courage de continuer: corrige ce que
tu trouueras de defectueux pour le
profit du public, sans vser de passion.
Adieu.

ELEMENS
DE
POVRTRAITVRE.

LIVRE PREMIER.

DEFFINITIONS.

I

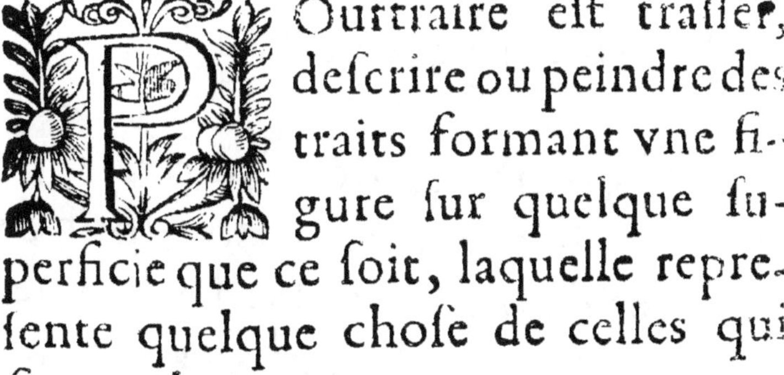

Ourtraire est trasser, descrire ou peindre des traits formant vne figure sur quelque superficie que ce soit, laquelle represente quelque chose de celles qui sont en la nature.

A

2

Et ceſte figure eſt appellee pour-
traict de ce quelle repreſente.

Bien que ſans exception nous ayons dit
en quelque ſuperficie que ce ſoit ; neantmoins en ces Elemens nous n'entendons
parler que de la ſuperficie plane, eſleuee
perpendiculairement ſur l'horiſon.

3

Pourtraire vne teſte humaine, eſt
faire vne figure repreſentant icelle.

4

La teſte humaine peut eſtre pourtraite en autant de façon qu'elle ſe
peut mouuoir & eſtre ſcituee, ou bié
que celuy qui la regarde change
de diuerſes diſpoſitions.

5

Les varietez des Pourtraits de
la teſte, ſelon la ſcituation ſont de
diuerſes façons, deſquelles les vnes
ſont naturelles, les autres accidentelles.

6

Les naturelles font celles, lefquelles reprefentent la tefte en fa naturelle fcituation ; les accidentelles au
contraire.

7

La fcituation naturelle de la tefte,
eft lors qu'vne ligne tombant du
fommet & poinct vertical d'icelle,
paffant par l'extremité du dernier
vertebre, fur lequel elle fe meut comme centre, eft perpendiculaire à
l'horifon.

8

Et cefte ligne eft appellee verticale naturelle : comme auffi l'horifon,
horifon naturel.

9

Il y a 4 differences principales en la
fcituation naturelle de la tefte : la premiere eft appellee de front, lors que
toute la face eft veuë, & que les yeux

& oreilles ſont conſtituez en vne meſme ligne droite.

Voyez la figure de la ſeconde planche des lineamens.

10

La deuxieſme eſt dite de pourfil, quand on voit la moitié de la face & la moitié de la partie poſterieure de la teſte.

Figure 2. planche 2. linea.

11

La troiſieſme eſt celle de derriere ou reuers quand toute la partie poſterieure de la teſte eſt veuë.

Fig. 3. pl. 2. linea.

12

La quatrieſme eſt la declinante qui eſt vne diſpoſition de la teſte veuë entre le pourfil & le front, ou entre le pourfil & le reuers.

Figure 4. pl. 2. linea.

De ces diuerſitez la premiere & troiſieſ-me ne reçoiuent nul changement, & ſont toufiours vnes, mais la deuxiefme, peut eftre droite ou feneftre, & la quatriefme droite ou feneftre anterieure ; & droite & feneftre, pofterieure.

13

Les fcituations accidentelles de la tefte humaine font en grand nombre, derriuees de deux principales: fçauoir, de l'inclination & de la reflexion de la tefte.

14

L'inclination de la tefte eft quand conceuant d'vne oreille à l'autre eftre tiré evne ligne droite, la tefte fe meut fur icelle, en forte que le menton, & vertex fe hauffe & baiffe ; la ligne menee dudit vertex au centre de la tefte s'inclinant fur la verticale principale.

Voyez les figures 5 & 6 pl. 4. linea.

15

L'inclination peut eftre faite en deux fois autant de façons qu'il fe rencontre des ſcituations naturelles de la teſte, deſquelles vne moitié eſt baſſe, & l'autre haute.

16

La reflexion eſt vn mouuement de la teſte fait de biais, comme ſi elle ſe mouuoit ſur vne ligne droite tiree du milieu des deux yeux ou ſource du nez, à la nuque du col.

Voyez les figures 7 & 8 de la 4. planche des lineamens.

17

Il ſe rencontre autant de refflexions de la teſte comme le double des ſcituations naturelles, les vnes ſont droites, les autres feneſtres.

18

La teſte eſt dite inclinee & refflechie quand outre la ſcituation naturelle elle a fait les motions d'inclination & reflexion conioicterent & ſe rencontre en 4 fois autant de

manieres qu'il y a de fcituations naturelles.

Apres auoir deffiny les difpofi-
tions de la teíte humaine, d'autant
que noftre intention eft d'enfeigner
facilement l'art de Pourtraiture à
ceux qui n'en ont cognoiffance : Il
nous a femblé bon de diuifer la tefte
par de certaines lignes, lefquelles paf-
faffent par les poincts principaux ou
centres de chacune des parties de la
tefte, en quelque fcituation qu'elle
foit: à fin que ces poincts foient facilement trouuez, & qu'eftant difpo-
fé fur le papier, on defcriue en apres à
l'entour d'iceux la partie de la tefte
qu'ils reprefentent, felon la proportion que nous donnerons cy-apres.
Nous dirons donc que la tefte humaine, fans confiderer les eminen-
ces, comme le derriere de la tefte, le
nez, les oreilles, le menton, comme

auffi les parties enfoncées telles que
font les temples, yeux, bouche, &c eft
de forme d'vn œuf, ou pour mieux
dire d'vne Sphere oblógue, appellee
par les Geometres Spheroïde , comme la figure fuiuante ABCD , en laquelle le poinct A reprefente le fommet de la tefte ou vertex ; & le poinct
D, celuy du menton ou l'oppofite du
vertex. Que fi cefte Spheroide eft
conceuë diuifee par deux fuperficies
planes paffant par les poincts A & D
comme AFDE, ABDC, s'entrecoup-
pant l'vne l'autre à angles droicts,
icelles feront en la fuperficie de la
Spheroïde deux circonferences d'o-
ualles AFDE, ABDC, l'vne defquel-
les A FDE paffé par le poinct vertical
& par le milieu du nez, de la bouche
& du menton, & cefte oualle eft appellee celle du pourfil.

L'autre oualle ABCD paffe par le
mefme

mesme poinct du somet, & par le milieu ou centres des oreilles. Et est dite
oualle de front, la ligne droite A D,
sera dite la ligne verticale ou axe sur
lequel la face se meut pour faire sa
declination.

Si l'axe A D, est diuisé en deux parties égales au poinct G, iceluy sera le
centre de la teste, & le plan BECF
passant par iceluy couppant à angles

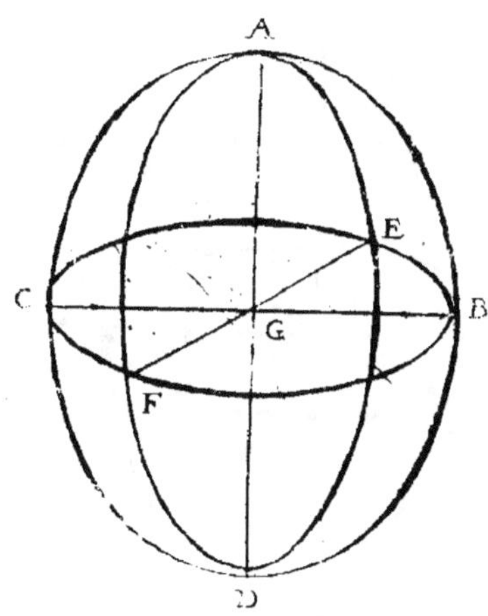

droicts le mefme axe fera en la fuperficie de la Spheroïde la circonference d'vn cercle, laquelle paffe par
les poincts des yeux & des oreilles, &
ce cercle eft appellé horifontal, la ligne BC faite par l'interfectió de l'o-
uálle de front & du cercle horifontal,
eft appellee l'axe de l'inclination ; à
caufe que la tefte fe meut fur icelle
pour eftre dite inclinée.

La figure fuiuante monftre l'inclination.

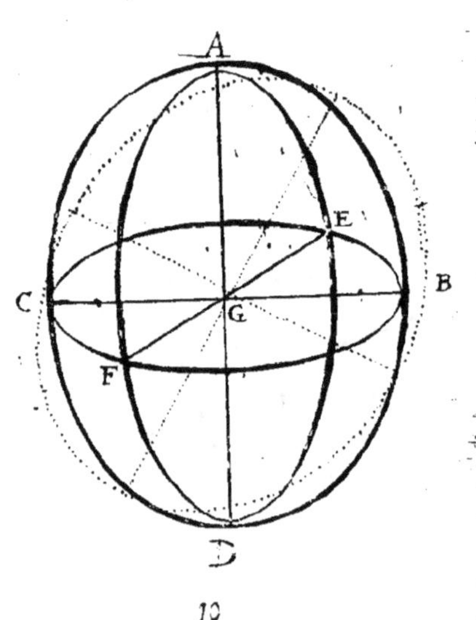

La ligne EF faite de l'ouale de pourfil, & du cercle horifontal, eft dite
axe de reflection ; pour autant que
la tefte fe meut fur icelle pour faire
fa reflection.

La figure l'enfeigne.

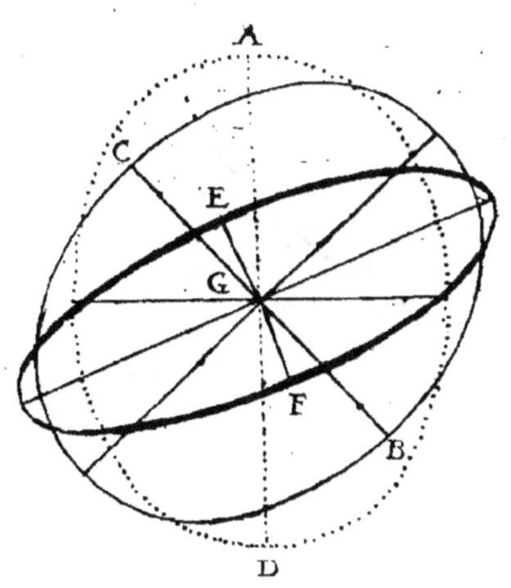

11

Et quand la motion de la teſte eſt
faite ſur ces deux axes, on la dit inclinee & refflechie.

Comme en la figure ſuiuante.

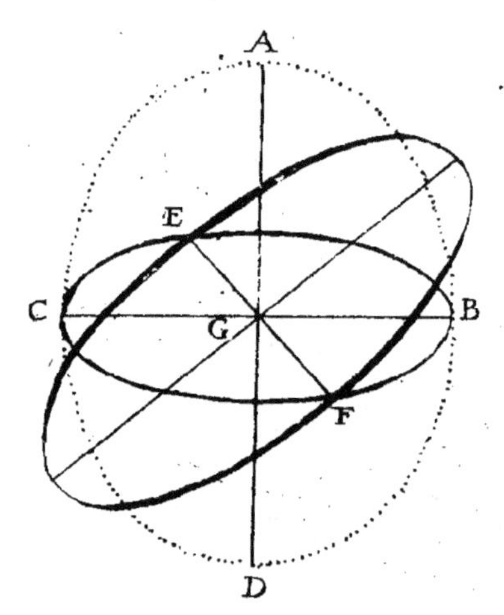

Maximes.

I

Les diuerses scituations ou dispositiõs de la teste sont refferees ou à la motion d'icelles, l'œil du regardant estant immobile, ou à la mutation de l'œil en diuers endroits la teste demeurãt immobile, ou a la motion de l'vn ou de l'autre coniointement.

C'est pourquoy la methode des inclinations refflections, &c. est cõmune soit qu'elle soit causee par le mouuement de la teste ou de l'œil ou de l'vn & l'autre ensemblement. Il y a cecy à considerer qu'en la disposition de la teste par le moyen de la motion de l'œil, on ne doit rien adiouster d'estrange aux lineamens de la face ; & a celle qui vient de la motion de la mesme teste, au contraire on doit y considerer l'extention & relachement des nerfs, qui cause que la face est renduë en quelque façon difforme, ou enfoncée, ou bien ridée.

2

En toutes les scituations naturelles

de la teſte l'œil en regardant eſt tou-
ſiours en la ſuperficie du cercle horiſontal.

3

Et en celles qui ſont appellees accidentelles, l œil en regardant eſt
hors d'iceluy.

4

Quand l'œil eſt au plan de l'oualle
du pourfil, & qui eſt auſſi dans le
plan du cercle horiſontal, la teſte eſt
veuë de front ou de reuers, & l'oualle du pourfil & le cercle horiſontal
ſont veus comme deux lignes droites
s'entrecouppans à angles droicts, &
l'interſection eſt le milieu du nez.

5

Et quand le meſme œil eſt dans le
plan de l'ouale de front, & dans celuy du cercle horiſontal la teſte eſt
veuë de pourfil, & l'oualle de front,
& le cercle horiſontal ſont veus

comme deux lignes droites s'entrecouppans à angles droicts.

Que si l'œil n'est posé en l'vne n'y
l'autre superficie du cercle horisontal ou oualle, lors la teste sera veuë
declinante, inclinee ou reflechie, ou
bien sous les deux ensemble, & les
oualles tant de pourfil que de front,
elles seront veuës oualles, & pour le
cercle horisontal, il paroistra vn arc
de cercle en montant si l'œil est au
dessous du cercle horisontal, ou en
decendant, au dessus, c'est à dire
quand la teste veuë regarde haut ou
bas.

7

Lors que la teste est veuë de front
inclinee ou refflechie les yeux, le nez,
la bouche ny le menton, ne reçoiuent aucune alteration selon leur
largeur, mais bien en leur hauteur, selon la grandeur de l'inclination.

8

Si la teſte eſt du pourfil, & qu'elle ſoit inclinée & refflechie, les meſmes choſes receuront alteration tant de leur hauteur que largeur.

9

Les meſmes choſes arriuent auſſi à la teſte declinante, inclinee & refflechie.

Les choſes cy-deuant dites eſtant entenduës, nous donnerons les moyens de trouuer les poinĉts des parties principales de la teſte par le moyen des ouales de front & pourfil; comme auſſi du cercle horiſontal, & de pourtraire icelle en quelque diſpoſition qu'elle ſoit propoſée.

DES LINEAMENS DE LA teſte humaine.

PROPOSITION 1.

Pourtraire vne teſte veuë de front.

SOit faite l'oualle ABCD, de la premiere figure de la premiere planche & icelle diuiſée par les deux diametres AC, BD

s'en-

F
A
1
1
2
1 2 3 4 5
D O N G M P B
3
4 1 H
2
3
L
E
C
1
A
2
1
2 B G F D
3
4 1 2 3
C
2
1
A
F G K
B E D
I
A
H G D
C
4

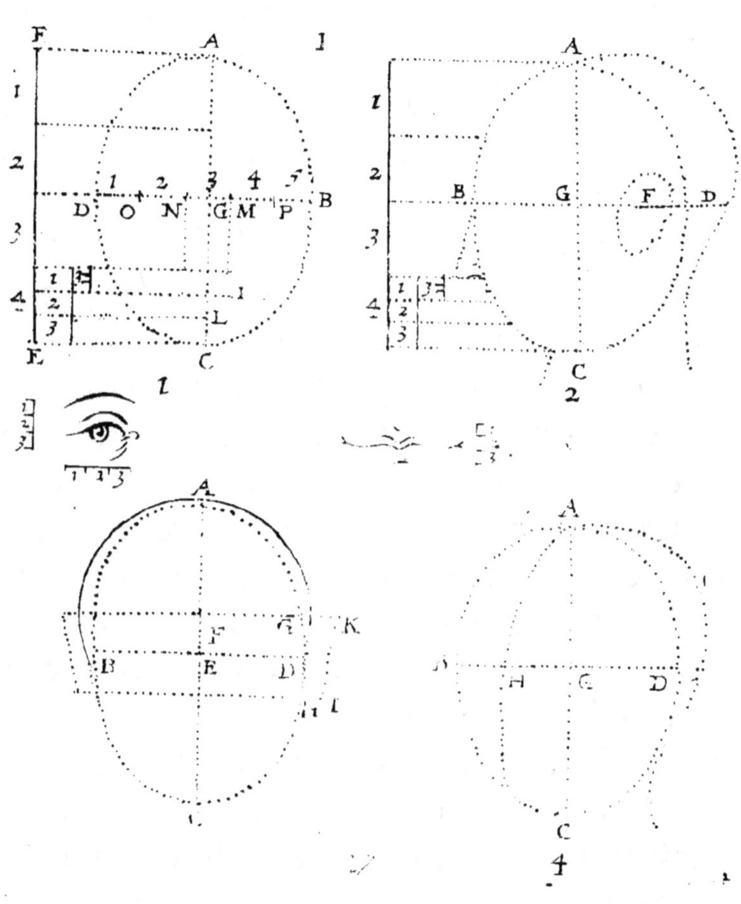

C

s’entrecouppans en deux également, &
à angles droicts au milieu d’icelle, soit AC,
ou EF, hauteur de la teste diuisee en quatre
parties égales, & deux d’icelles depuis le
poinct C, donnez à la hauteur de la source
du nez, & vne à la hauteur de dessus de la
levre superieure à prendre du poinct C : En
apres la grandeur CH, sera diuisée en trois
parties égales, l’vne d’icelle CL, sera pour
la hauteur du menton, la seconde LI, pour
la distance entre la cauité du dessus du menton iusques au commencement de l’ouuerture de la bouche, & la restante LH, pour
la hauteur depuis l’ouuerture de la bouche
iusques à la cauité entre le nez & la leure
superieure. La hauteur de la bouche doit
estre diuisée en trois parties, deux d’icelles
seront donnees à la leure inferieure, & la
restante à la superieure : pour la hauteur du
nez, il doit contenir la quatriesme partie
de la hauteur de l’oualle, & sa largeur sera la
sixiesme partie de la largeur de la mesme;
laquelle largeur sera diuisée en quatre parties, deux desquelles seront données à la
forme du bout, qui se fera de forme ouale
semblable à celle de la teste, & les deux autres à deux autres portions d’oualles de part

& d'autre de la premiere, lesquelles feront
enfemble la forme du nez. Refte les yeux
& les oreilles, pour les oreilles à caufe qu'elles ne fe voyent que de pourfil en la tefte
pourtraite de front, nous referuerons leur
dimenfion aux difcours pour la tefte du
pourfil, en laquelle elles font veuës de
front, & en leur naturelle forme.

Quand eft de la largeur de l'œil, elle eft
femblable à celle de la bouche ; fçauoir de
la cinquiefme partie de la ligne horifontale
DB, faifant aufli la ligne MN, la cinquiefme de la mefme DB, en forte que MG, foit
égale à GM, & les poincts M, & N, feront
les poincts des deux angles des deux yeux
ioignant le nez, defquels tirant deux lignes
paralleles perpendiculaires fur la ligne horifontale, icelles termineront la largeur de
la bouche ; & s'y des mefmes poincts fur la
ligne horifontale on prend de part & d'autre du nez la cinquiefme partie de la ligne
BD, comme MO, NP : ces efpaces feront
les largeurs des deux yeux, defquels la grandeur des prunelles doit eftre de la tierce partie de la largeur, ainfi que la figure le monftre. La ligne horifontale paffe par le milieu
de la hauteur de chacun des yeux, lefquelles

C ij

doiuent auoir estendu au dessus & dessous
de la mesme ligne de la quatriesme partie
de la hauteur du nez, & depuis la mesme ligne horisontale iusques au sourcil la moité
de la hauteur du mesme nez, ou huictiesme
partie de toute la face. Voila generalement
tout ce qui appartient aux parties principales de la teste veuë de front : il reste l'embe-
lissement des mesmes parties de la face ou
front par le moyen de hachures, ombres &
clartés, comme de cheueux, coiffures ou autre chose, lequel est fait selon le iugement &
le dessein, & à l'imitation d'autres figures de
semblable disposition, comme on peut voir
en la figure premiere de la seconde planche suiuante, & la figure de la fin de ce liure cottée A, le mesme se doit entendre de
toute autre disposition de la teste.

NOTE.

Bien que l'oualle tant du pourfil que
de front doiue estre faite auec la main
d'vn seul trait par l'aide du iugement; neantmoins à cause de la proportion de la hauteur d'icelles auec leur largeur, qui est comme 4 à 3, c'est à dire que la ligne AC de la figure precedente estant diuisées en quatre
parties, trois d'icelles sont égales à la ligne

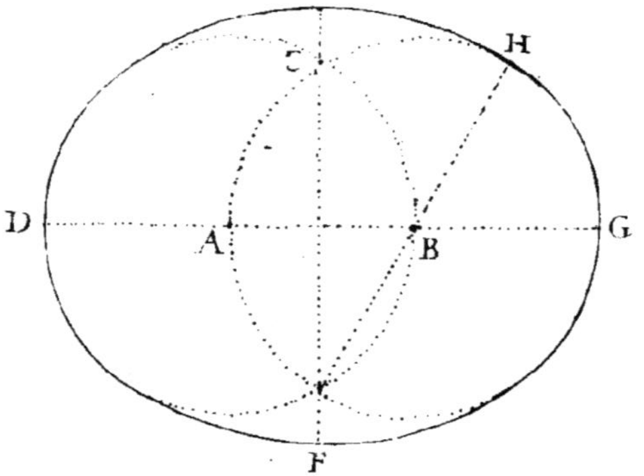

G H B C F A D

31

BD, nous enseignerons le moyen de la descrire geometriquement, afin que sur le modelle d'icelles on acoustume son iugement à en faire de semblable auec le seul trait de la main, l'oualle se fait donc ainsi.

Soient faits deux cercles GCA, BED de mesme grandeur, ayant leur centre B & A en la circonference l'vn de l'autre, lesquels s'entrecouppent aux poincts B & C: puis tirer la ligne EH, passant par le centre B, de l'interualle de laquelle & du centre E, descriuant vn arc de cercle entre la circonference de l'vn & l'autre, & ce en sorte qu'il les touche sans les coupper; en apres de la mesme interualle & du poinct C, estant aussi descrit vn autre arc de cercle touchant, comme dit est, l'oualle semblable à celle de front ou pourfil sera HGFD.

PROPOSITION 2.

Pourtraire vne teste de reuers.

SOit en la troisiesme figure de la premiere planche l'ouale du front ou reuers ABCD, de laquelle les diametres sont AC, BD, & sur icelle on veut pourtraire vne teſte de reuers. Premierement on fera EF, égale au quart de la hauteur du nez : puis du poinct F, comme centre & interualle FA eſtant deſcrit le cercle ABD, iceluy terminera le crane de la teſte ; en apres pour faire les oreilles, leſquelles ſont veuës ſeulement de pourfil, on fera DG, DH égales chacune à la moitié de la hauteur du nez, afin que toute la hauteur du nez ſoit égale à celle de l'oreille, & pour auoir la largeur du pourfil d'icelle, faut faire GK, égale à DG & HI, la moitié ſeulement : puis tirer IK, laquelle auec GH terminera le pourfil de l'oreille. Pour l'accompliſſement de ceſte Pourtraiture de reuers, voyez la troiſieſme figure de la deuxieſme planche ſuiuante, & celle de la fin du liure marquee B.

PROPOSITION 3.

Pourtraire vne teſte en pourfil.

SOit faite l'oualle de la 2. figure de la premiere plãche ABCD diuiſee par ces diametres AC, BD, apres auoir diuiſee la hauteur d'icelle AC, ou ſon égale, ainſi qu'en la teste de front, & trouués les poincts de hauteur du nez, de la bouche, du menton, & des yeux, on cherchera leur eminence, qui font que le bout du nez doit autant fortir de l'oualle que le bout du menton, & chacune de la moitié du nez & les levres le quart feulement, pour la largeur de l'œil elle doit eftre de la moitié de celle du front, & l'angle d'iceluy vers l'oreille, diftant de la fource du nez de la cinquiefme partie du diametre BD, le pourfil du crane fera pourtrait, faifant GE égale à GA, & defcriuant par les poincts A & E vne ligne courbe fe iettant en dehors du cercle, qui pourroit eftre defcrit du centre G & interuale GA.

Finalement, on pourtraira l'oreille prenant GF, moitié de GE, c'eft à dire de la hauteur du nez ; car tirant la ligne GF, & faifant fur icelle vne oualle, ayant fon centre F, & fa longueur égale à celle du nez, icelle contiendra l'oreille, laquelle auec les autres parties par le moyen des poincts trouuez, fera defcrite en imitant la deuxiefme figure de la feconde planche, & la figure de la fin du liure marqué C.

PROPOSITION 4.

Pourtraire vne teste declinante.

LA teste declinante du reuers n'est pas
considerable ; c'est pourquoy nous la
passerons sous silence : mais pour la declinante de front, elle sera pourtraite ainsi :
Soit en la quatriesme figure de la deuxiesme
planche suiuante l'oualle ABCD, faite ainsi
que nous l'auons enseigné diuisee par ces
diametres AC, BD, de haut en bas & de tra-
uers, sur la ligne AC on trouuera comme
en la teste de front tous les poincts termi-
nans les hauteurs des parties de la face, qui
sont leurs centres, sur l'oualle du pourfil,
comme du nez, de la bouche, &c. & du
poinct de la hauteur du menton, tirant vne
ligne perpendiculaire sur AC, où icelle ren-
contrera l'oualle vers l'endro t du declin, &
par le poinct on menera vn arc d'oualle, ou
pour mieux dire de cercle couppant l'horisontal au poinct L , en sorte que BH soit égal
à l'excez du GA sur BG , & l'arc represen-
tera l'oualle du pourfil, sur lequel on trans-
portera

portera tous les poincts des hauteurs premierement trouuez fur AC, ce qui fe fera par le moyẽ des perpendiculaires tirees des mefmes poincts fur la mefme AC, iufques à l'arc defcrit. La faillie de la iouë & du menton fur l'oualle premiere fera de l'vne, la quatriefme partie du nez, de l'autre la tierce partie feulement ; pour la faillie ou eminence du nez fur l'arc trouué fera de la tierce partie, ainfi que du menton la largeur de l'œil declinant, eft terminé par l'oualle & l'arc accidentel trouué, & la largeur de l'autre fera comme de front, ayant fon centre au poinct G, centre de l'oualle, leur hauteur n'eft diuerfe à celles de la figure de front, la largeur de la bouche fera terminee par l'oualle premiere, & vn arc tiré de l'angle de l'œil, qui eft veu droict parallele à l'arc accidentelle de l'oualle du pourfil AH, quand eft du crane & de l'oreille, ils fe feront en la mefme façon qu'au pourfil, finon que l'oreille aura fon centre au poinct D, pour l'accompliffement, voyez la quatriefme figure de la premiere planche, & la figure marquee D, fur la fin du liure.

PROPOSITION 5.

Faire vne teste de front inclinée.

L'Inclination haute ou basse de la teste est faite de la mesme sorte, il n'y a qu'à trouuer le racourcissement de l'oualle de front, & de l'inclination du cercle horisontal, le reste se fait en apres auec l'ayde de la teste de pourfil, & de celle de front dans leur propre scituation.

Ce racourcissement de l'oualle se fait ainsi : Soit l'oualle de front ABCD en la cinquiesme figure de la troisiesme planche suiuante, dans laquelle on veut auoir vne teste inclinee vers bas de la grandeur de l'angle L, apres auoir tiré les diametres par le centre E, soit mence la ligne HEI, faisant auec la verticale AC l'angle HE égal à l'angle L, & soit faite EF, EG ég les entr'elles & à EI, & par les quatre poincts FBGD, soit menee la nouuelle oualle, qui est celle du racourcissement.

Pour descrire l'horison accidentel du poinct B, soit menee BH perpendiculaire à EH, & fait EK égale à EH, deſcriuant par les trois poinĉts BKD l'arc de cercle, lequel ſera l'horiſon de l'inclination baſſe, ſi elle euſt eſté haute, il euſt fallu la porter vers la partie ſuperieure.

Maintenant pour trouuer toutes les hauteurs & largeurs des parties de la face, faut ſur la ligne horiſontale naturelle BD, de la ſixieſme figure, porter la largeur d'icelles, ainſi qu'il a eſté enſeigné en la teſte de front, puis tirer des lignes perpendiculaires à la meſme, vers la partie inferieure de la teſte: puis faire ſur l'oualle vne teſte de pourfil & des poinĉts de toutes les hauteurs, tirer des arcs de cercles parallels à l'horiſontal accidentel, leſquels termineront par le lieu de leur rencontre auec les perpendiculaires, qui leursconuiẽnent tant la hauteur que largeur de toutes les parties de la face, ainſi que la figure le monſtre euidemment. Pour l'accompliſſement, voyez la neufieſme & dixieſme figure de la cinquieſme planche, & ſur la fin du liure, la figure E.

Note.

Il conuient noter que ce que nous venons de dire de l'inclination en la teſte de front, comme ce qui ſe feracy deſſous par les

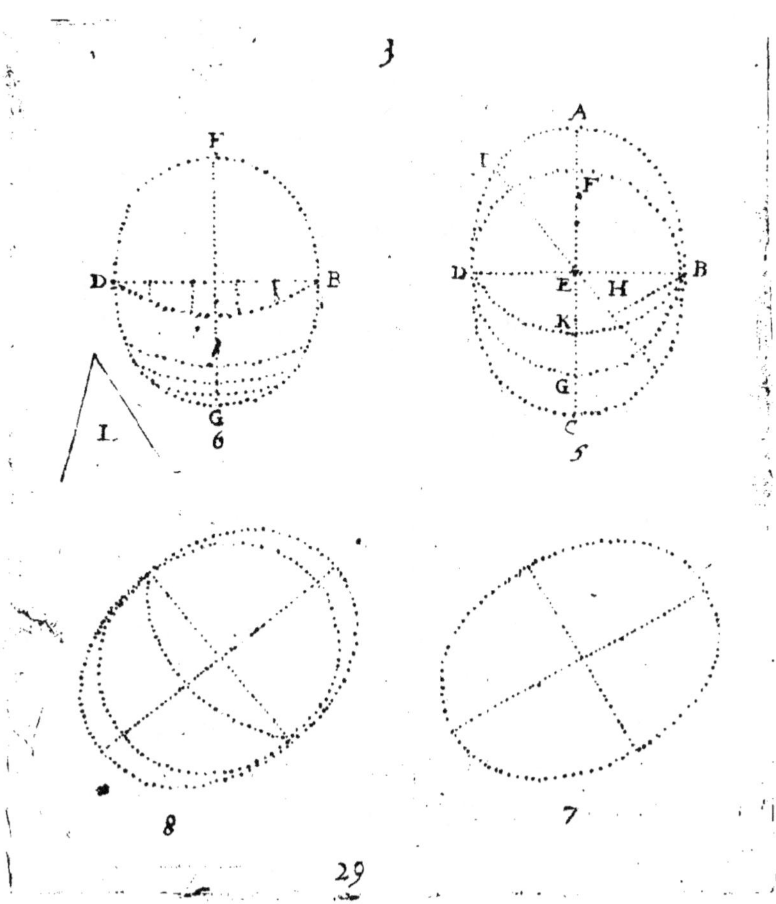

oualles accidentelles, font les inclinations
ou reflexions, cauſez par les mouuemens de
la teſte, qui ſont les vrayes : mais s'il s'agiſt
des reflexions apparentes, c'eſt à dire, cau-
ſees par la viſion, ſelon la diſpoſition du regardant ; lors il faudra ſe ſeruir de l'oualle
premiere, inclinant ſeulement le cercle horiſontal, comme on peut voir aux cinquieſme & ſixieſme figure de la cinquieſme pl.

PROPOSITION 6.

*Pourtraire vne teſte veuë de front, eſtant
reflechie.*

CEla n'eſt en rien differé de la conſtru-
ction de la premiere propoſition, ſinon qu'il faut reflechir & faire l'oualle de
biais. Voyez la ſeptieſme figure de la planche troiſieſme, & la figure F.

PROPOSITION 7.

*Pourtraire vne teſte veuë de front, inclinée &
reflechie.*

ON ſatisfera à ceſte propoſition, ſi on
fait vne oualle ſelon la vraye propoſi-

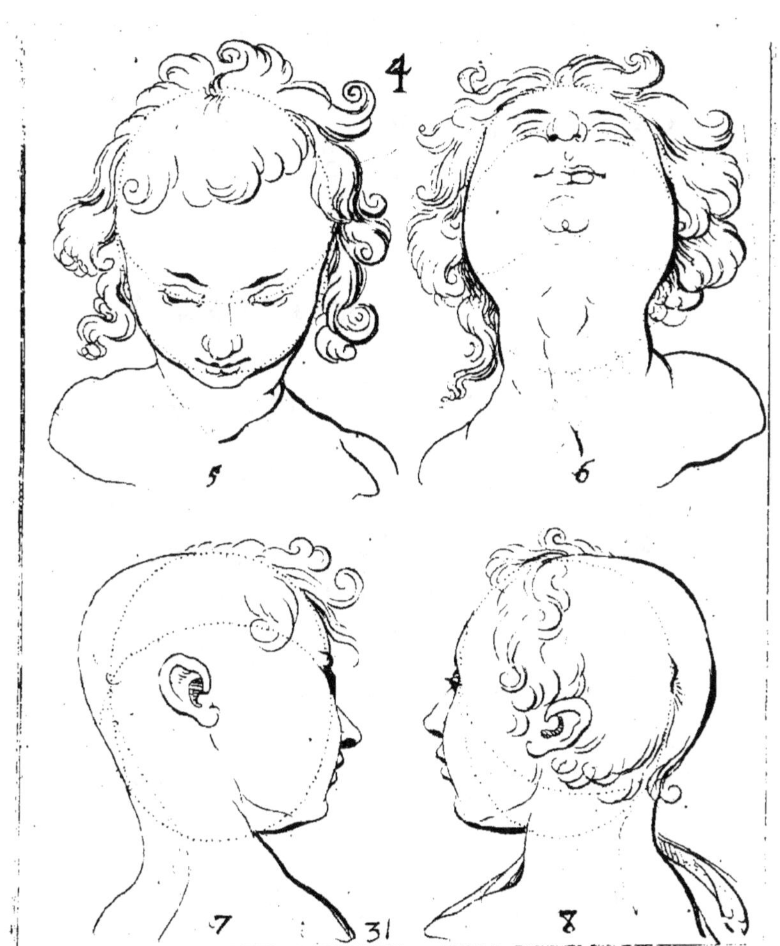

tion donnee & reflechie en mefme angle
que celuy de la reflexion, & racourcie felon
l'inclination, ainfi qu'il a efté enfeigné en
la cinquiefme propofition. Voyez la hui-
ctiefme figure de la planche troifiefme, &
pour l'ornement la figure G.

PROPOSITION 8.

Pourtraire vne tefte veuë de pourfil inclinée.

FAut incliner l'oualle du pourfil feulement, & faire au furplus comme en la
troifiefme propofition. Voyez la feptiefme
figure de la troifiefme planche, voyez au
refte pour l'ornement la figure H de la fin
de ce liure.

PROPOSITION 9.

Pourtraire vne tefte veuë de pourfil, &
reflechie.

FAut faire vne oualle felon la proportion requife, & la racourcir felon la
quantité de la reflexion ; comme auffi trouuer

uer l'horiſon accidentel comme en la cinquieſme propoſition : puis ſur ceſte oualle
& horiſon accidentel, deſcrire ainſi qu'en la
meſme propoſition la figure, excepté que
ſur la ligne horiſontale BD, il faut porter
les parties des largeurs de la teſte de pourfil.
Voyez pour l'accompliſſement la treizieſ-
me & quatorzieſme figure de la ſeptieſme
planche.

PROPOSITION 10.

Pourtraire vne teſte de pourfil inclinee &
reflechie.

POur faire cecy, on doit tracer l'oualle
de pourfil inclinee comme en la hui-
ctieſme figure de la troiſieſme planche : puis
apres la racourcir ſelon la grandeur de l'inclination, comme auſſi trouuer l'horiſon accidentel, & par le moyen d'iceluy & de l'o-
ualle racourcie, trouuer les hauteurs & largeurs de toutes les parties de la teſte, comme en la propoſition precedente. Pour l'a-
compliſſement, voyez la ſeptieſme & hui-
ctieſme figure de la quatrieſme planche,
comme auſſi la figure H.

E

NOTE.

Bien que la methode de pourtraire les te-
ftes par le racourciffement, cy-deuant en-
feignee, foit la plus excellente de toutes;
neantmoins à caufe que ceux qui ne font
point verfez en la Geometrie, auroient de
la peine à entendre nos termes, nous leurs
confeillons de prendre pour lefdits racour-
ciffemens & autres les figures fuiuantes,
aufquelles il n'y a que les fimples traicts de
la premiere oualle & cercle vertical, lefquelles font accomplies dans ce qu'elles reprefentent.

PROPOSITION II.

Pourtraire vne tefte declinante, eftant auffi inclinee.

Our faire cela, on doit faire vne oualle
felon la proportion donnee, de laquelle le plus grand diametre foit incliné fur la
ligne verticale naturelle, de la quantité de
l'inclination propofee, comme en la figure
neufiefme de la fixiefme planche, l'oualle
ABCD, dans laquelle on menera l'arc AF,
comme il a efté monftré en la quatriefme

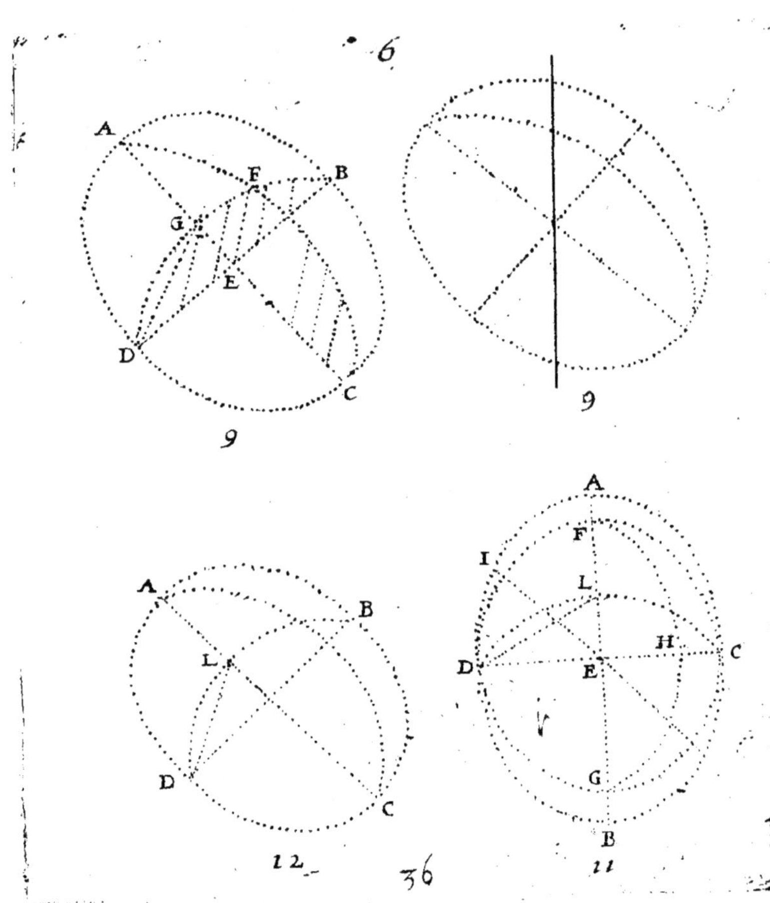

propofition. Cela fait, du poinct D, on menera la ligne DG, faifant l'angle EDG, égal
à celuy de l'inclination, & par les poincts
BGD, l'arc d'vn cercle qui feruira d'horifon
accidentel.

Maintenant pour marquer les parties
principales de la tefte, on diuifera AC, par
les hauteurs des parties de la tefte, comme
en celle du front, du nez, menton, leures,
bouche, &c. pour auoir les mémes parties fur
l'arc AFC, en tirant la ligne EF, & des points
des diuifions des paralleles à icelle, & pour
les largeurs, la ligne CD, fera diuifee, comme en la tefte declinante, afin de porter les
parties fur l'horifon accidentel ; par ainfi
toutes les parties principales feront mar-
quees. Icelles feront renduës parfaites, en
imitant la quinziefme & feiziefme figure,
de la feptiefme planche, & celle de la fin du
liure, marquee I.

NOTE.

Si l'inclination euft efté baffe, il euft fallu
mener DG, au deffous de CD.

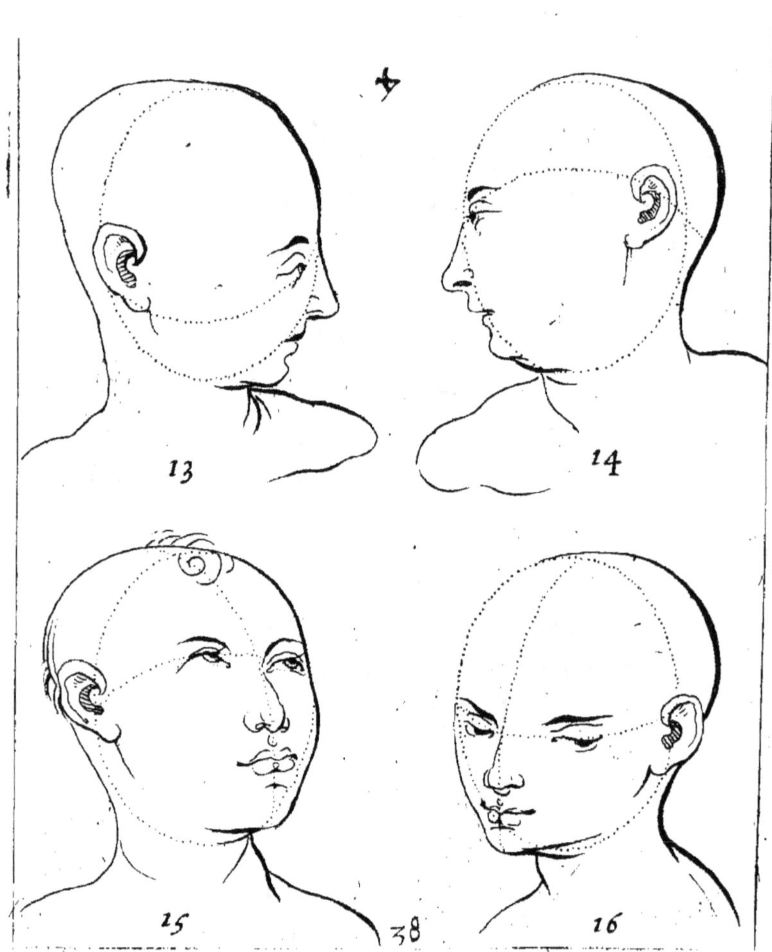

13
14
15
16
38

PROPOSITION 12.

Faire vne teste declinante & reflechie.

FAut ainsi qu'en l'vnziesme figure de la sixiesme planche, faire l'oualle ABCD, ainsi que pour faire la teste declinante, laquelle sera racourcie, selon la reflexion posee estre AEI, faisant EF, EG égales chacune à EL : puis faisant vne oualle qui passe par les poincts F, C, G, D, icelle sera celle du racourcissement, pour la reflexion proposee. Pour l'arc du cercle representant l'oualle du pourfil, il sera mené en faisant CH, égale à la difference de EF, à CE, & tirant vn arc FHG, par les poincts F, H, G, iceluy passera par le milieu de la bouche, du nez, & du menton, l'horison accidentel sera mené tirant du poinct D, la ligne DL, faisant auec ED, vn angle égal à celuy de la reflexion : puis tirant l'arc CLD, l'horison accidentel sera le mesme arc. Le reste sera paracheué comme en la proposition precedente, & accomply en imitant la dix-septiesme & dix-neufiesme figure de la huictiesme planche.

& la figure L, de la fin de ce liure.

NOTE.

Faut noter que ceste reflexion est à gau-
che, si on l'a vouloit faire droiɛte, il eust fallu mener la ligne LD, sous la ligne CD, afin
que l'horison accidentel se fust baissé.

PROPOSITION 13.

*Pourtraire vne teste declinante, inclinee &
reflechie.*

SOit faite vne oualle preparee selon l'inclination, & par la precedente proposition soit icelle racourcie selon la reflexion,
sans faire l'horison accidentel de l'inclination ny reflexion, comme en la figure dou-
xiesme de la sixiesme planche l'oualle A B
CD. En apres, soit consideré si la reflexion
est faite du menton vers le regardant, ou au
contraire; car si elle est faite du menton vers
le regardant, & que l'inclination soit haute
faudra ioindre l'inclination auec la reflexiõ,
& faire l'angle BDL, égale à tous les deux
ensemble, & mener l'arc de cercle BD L, lequel sera l'horison accidentel. Si au contraire

re reflexion eſt faite de la teſte vers le regardant, & que l'inclination ſoit baſſe, faut faire
le meſme au deſſous de la ligne BD : mais ſi
l'vne eſt d'vne façon , & l'autre de l'autre
faudra oſter l'inclination de la reflexion, ou
au contraire, faiſant l'angle BDL, au deſſus
ſi l'inclination eſt haut ou bas , ſi elle eſt
baſſe, & qu'elle ſoit plus grande que la reflexion , ſi plus petite au contraire, le reſte
ſera paracheué comme aux deux propoſi-
tions precedentes & la teſte accomplie, en
imitant les 7. & 8. figures de la quatrieſme
planche, & ſur la fin du liure, la figure marquee M.

NOTE.

Encore que nous n'ayons donné la façon
de trouuer les lineamens que de la teſte declinante de front ; neantmoins en icelle eſt
tout compris ce que peut eſtre dit de celle
du reuers, à cauſe que le poinct de l'œil de
l'vne ſert pour celuy de l'oreille de l'autre,
& l'oualle de pourfil auſſi , excepté qu'en
celle de reuers , on ne voit que bien peu
du nez, de la bouche, & du menton, le reſte
eſtant caché par l'eminence de la ioue.

F

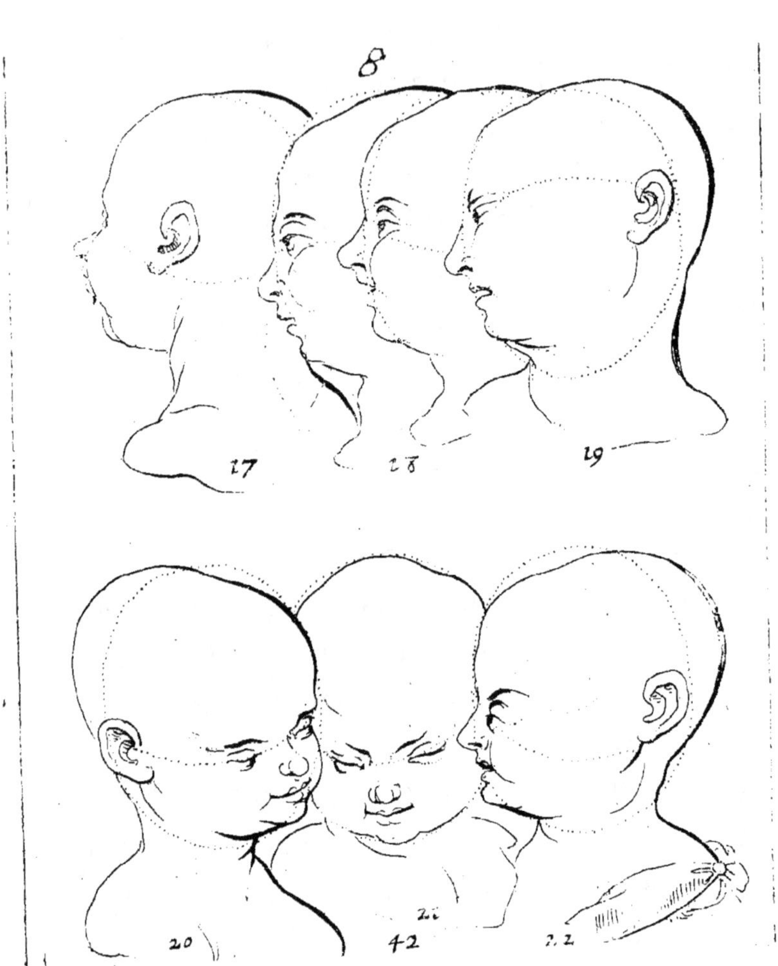

Faut noter, que bien que nous n'ayons en tous les difcours cy-deuant fait mention que de la tefte humaine, c'eft à dire, de l'hõme; neantmoins, il faut entendre les mefmes mefurespour la tefte de la femme, comme auffi des enfans, la diuerfité ne fe rencontre qu'en la charnure, l'homme eft plus fec,& par confequent moins plein de vifage que la femme : pour les enfans, ils ont le nez plus court, ou bien il paroift tel à caufe des iouës qui font groffes & enflees:ils ont auffi le crane plus long que les hommes, ny que les femmes, & eft en forme d'oualle, ainfi qu'on peut remarquer aux figures de la planche huiĉtiefme fuiuante; & tout l'accompliffement de ces diuerfitez de tefte, peut eftre donnee en imitant les figures, reprefentant d'autres Portraits de femblables difpofition que celle qu'on defire faire,refte à dire,que la tefte de quelque maniere qu'elle foit, eftant parfaite, on fera le col qui doit fouftenir icelle, lequel a de longueur, depuis l'emmanchement des clauettes iufques à l'extremité du dernier vertebre, la hauteur entiere de la tefte : la largeur d'iceluy fera les deux tiers de la largeur de la face en quelque forte quelle foit difpofée.

FIN.

EXTRAICT DV PRIVILEGE
du Roy.

Par grace & Priuilege du Roy, il est per-
mis à IEAN S. IGNY Peintre & Scul-
pteur, de faire imprimer & grauer par tel
Imprimeur & Graueur, ou Libraire, qu'il
voudra choisir, vn Liure intitulé, *Les Elemens de Pourtraitures* : Et defenses sont faites
à toutes personnes, de quelque qualité &
condition qu'ils soient de l'imprimer, ven-
dre, ny distribuer, durant le temps & espace
de trois ans, à peine de confiscation des
exemplaires, d'amande arbitraire, & de tous
despens, dommages & interests : comme il
est declaré plus amplement en l'Original
de ces Presentes. Donné à Lyon le dix huictiesme iour d'Octobre mil six cens trente,
Par le Roy en son Conseil.

PIZET.

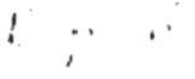

23

4

6.

8

9

10

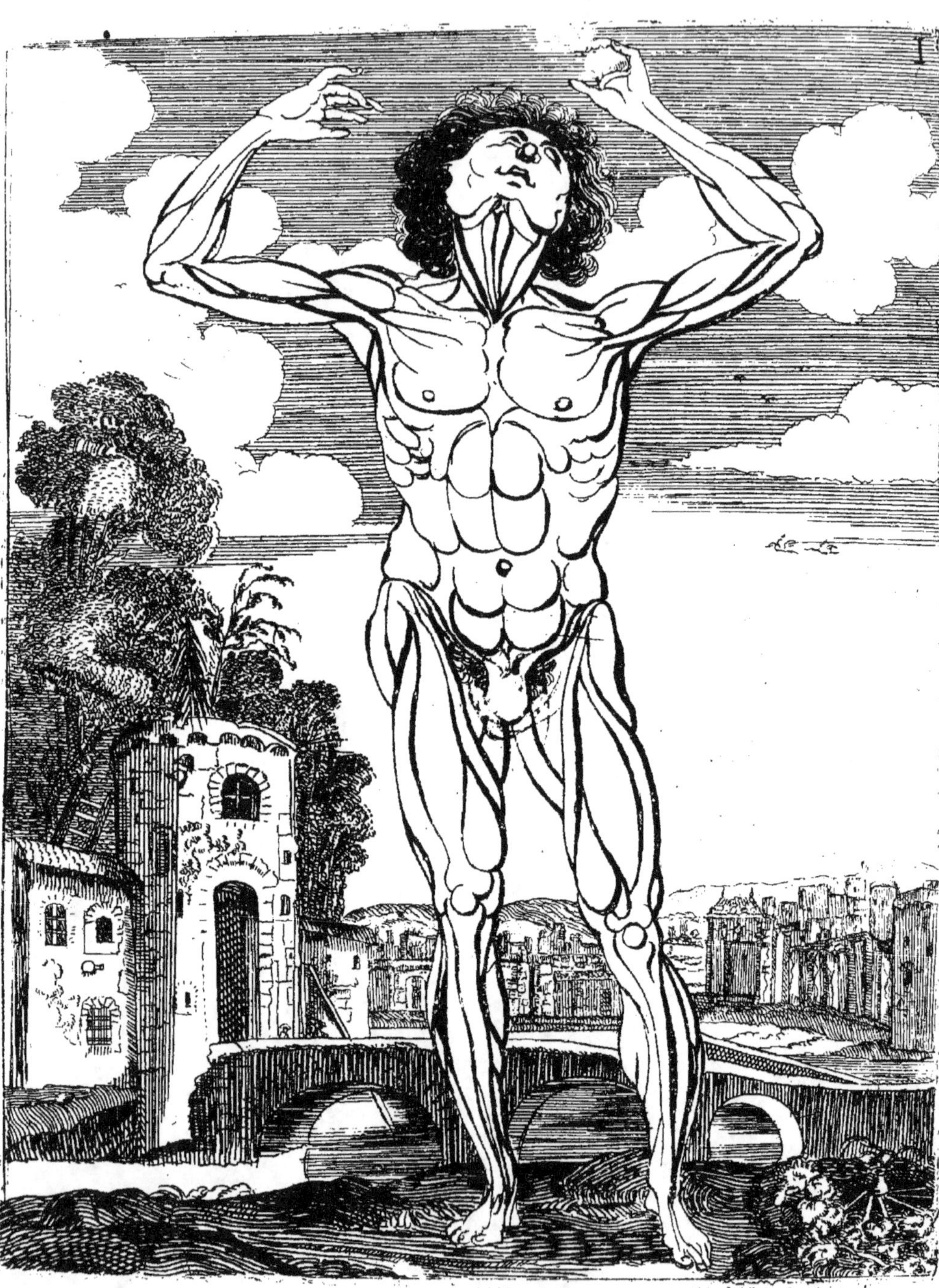
I

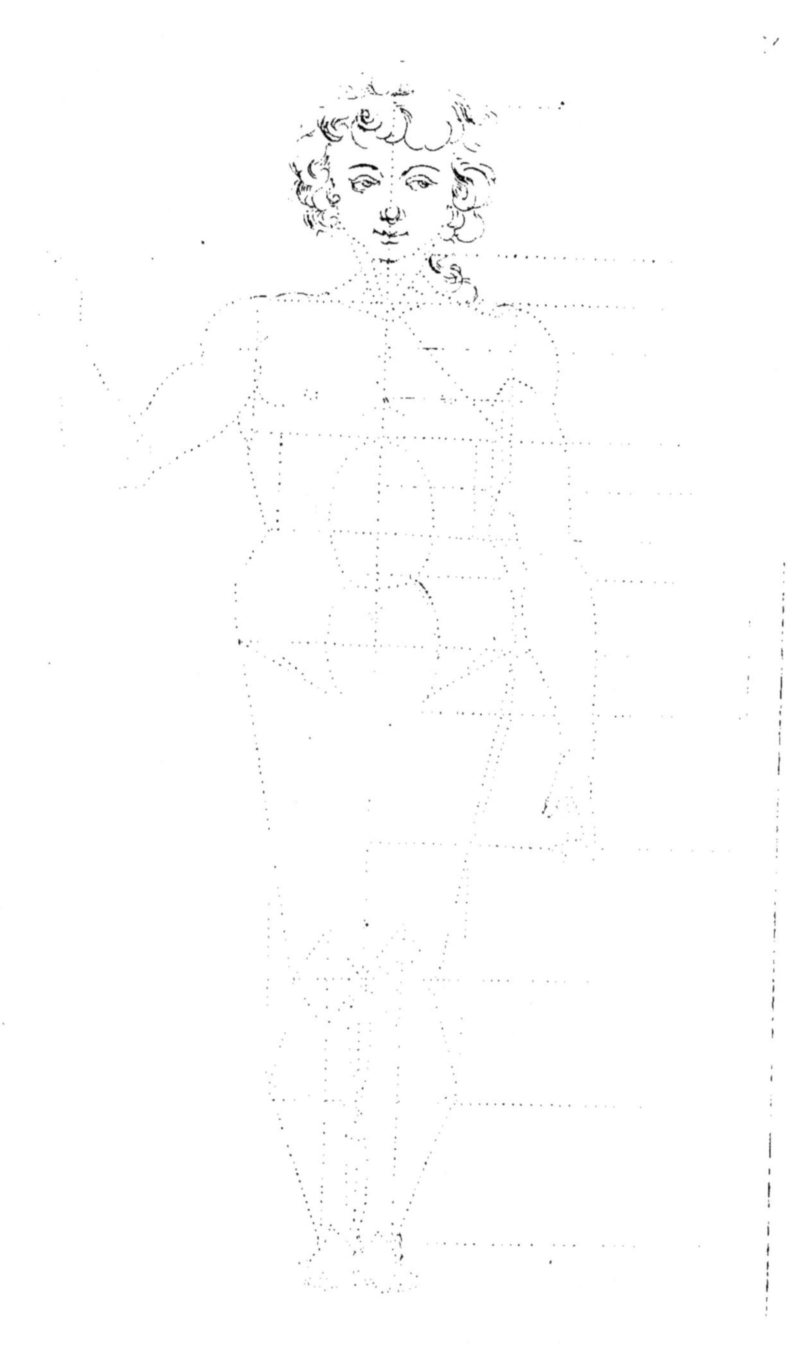

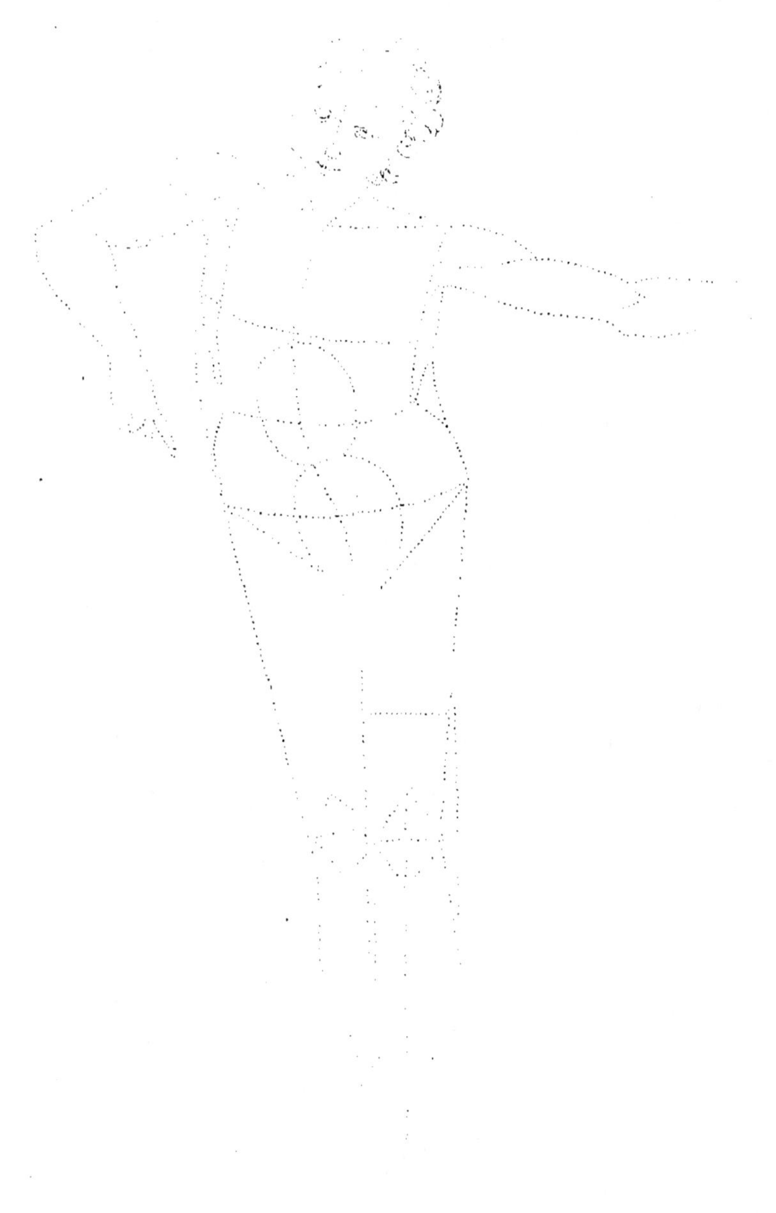

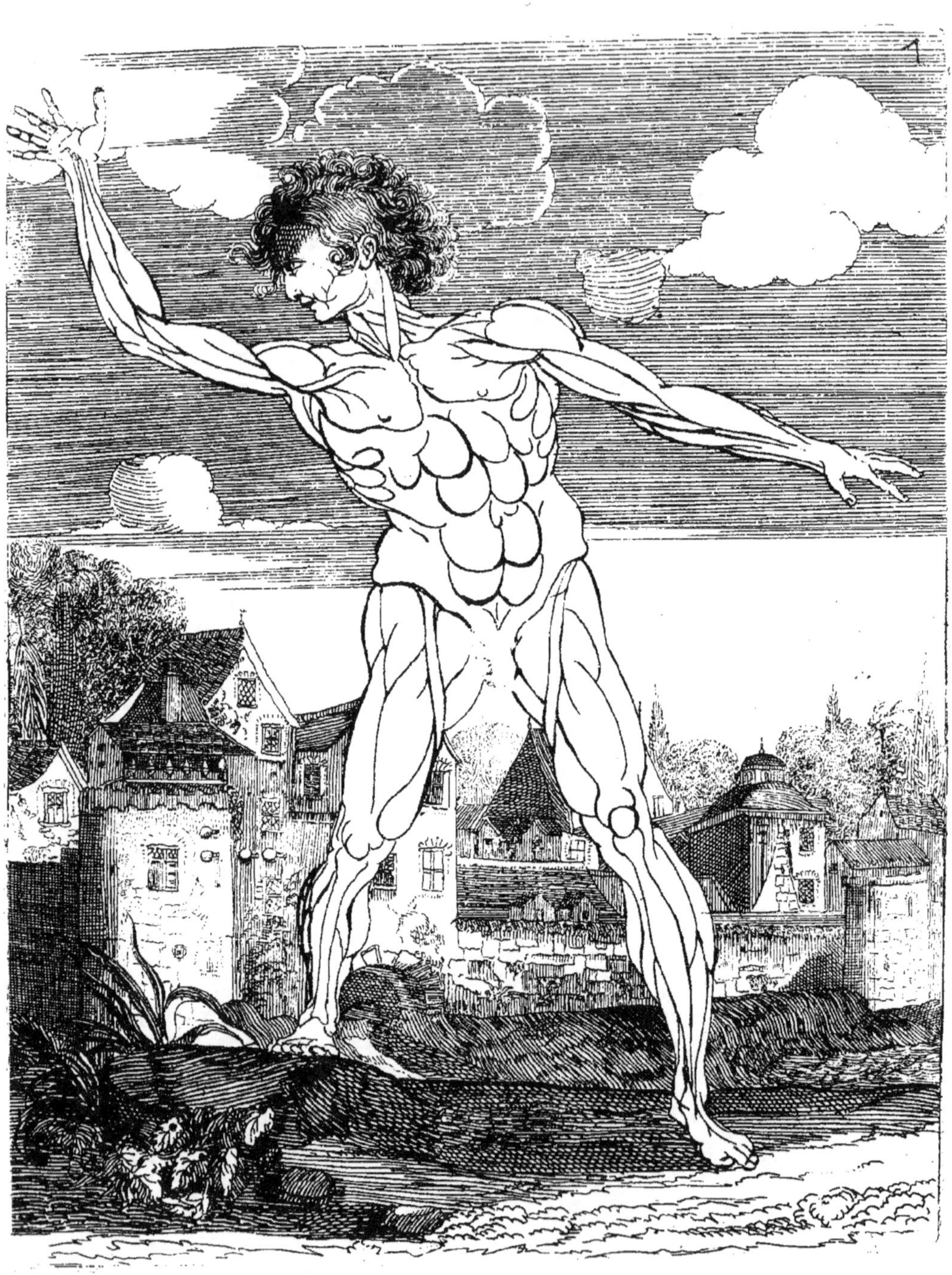

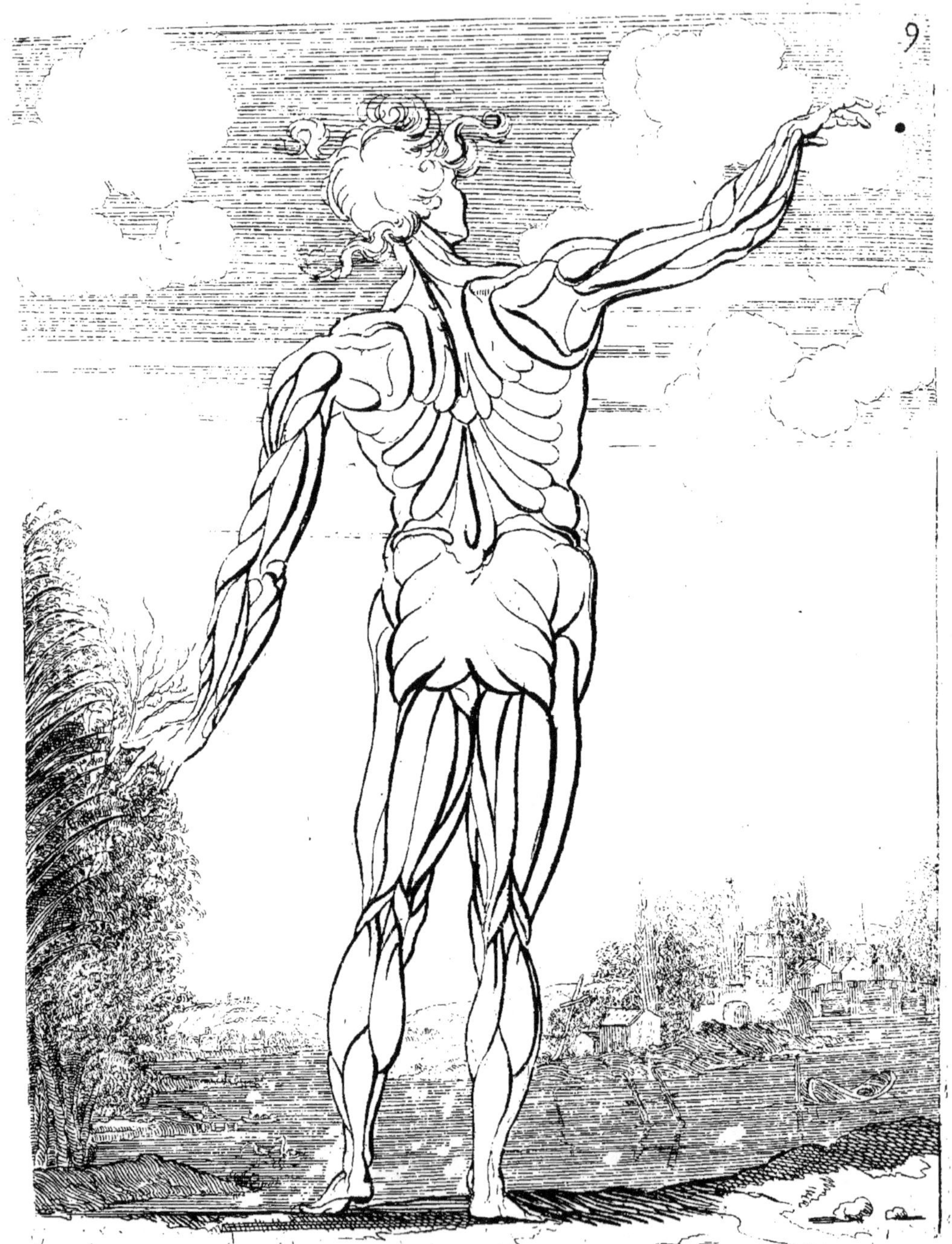

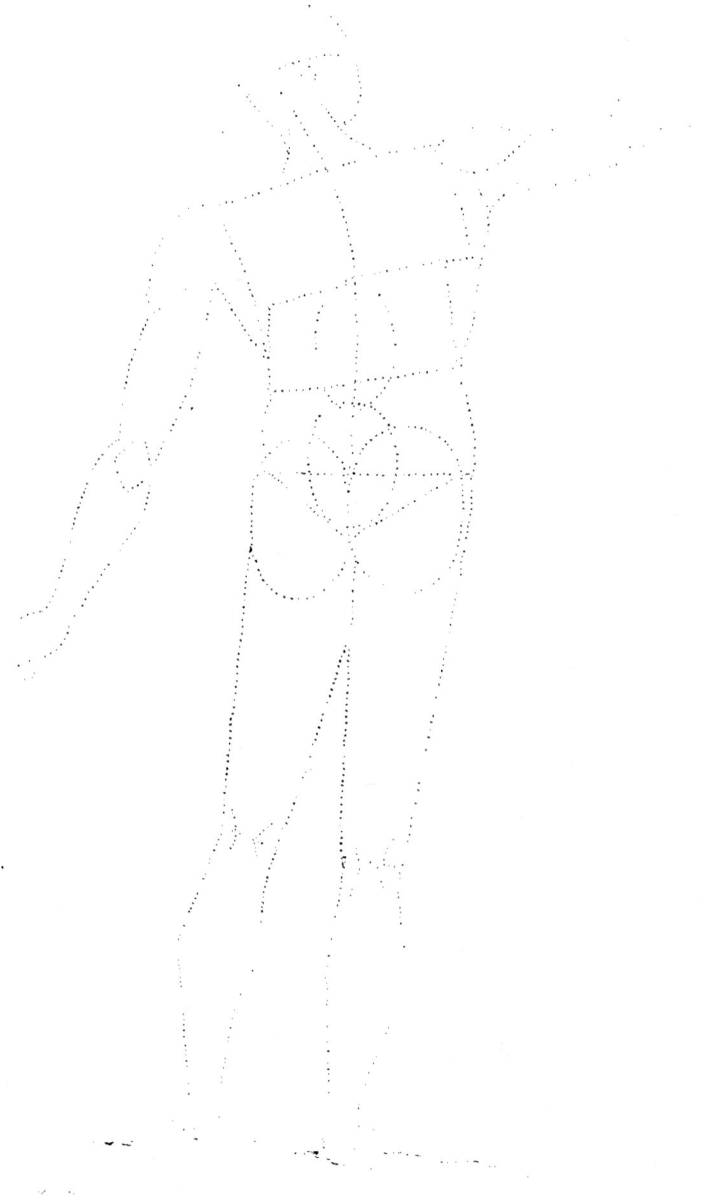

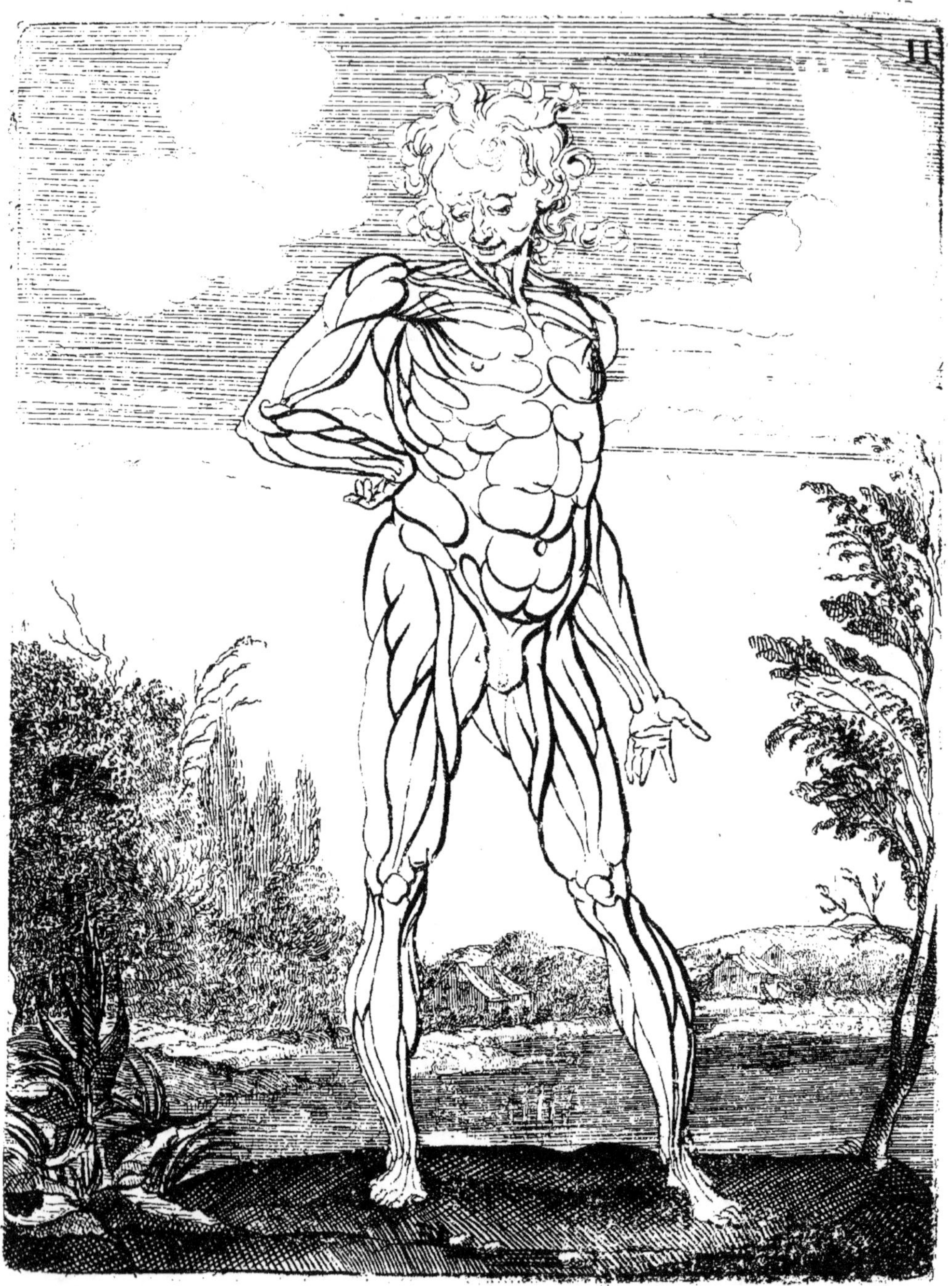

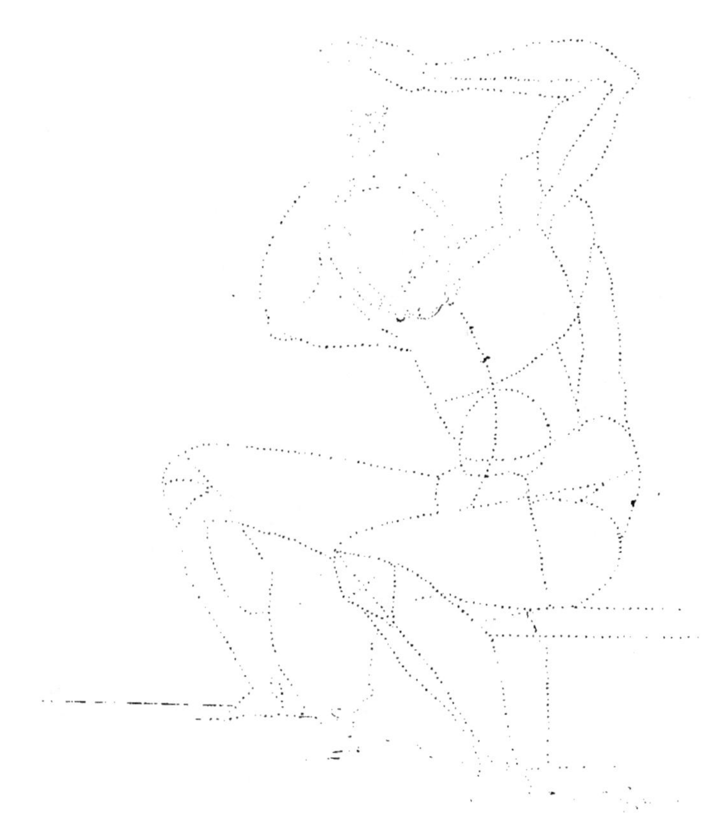

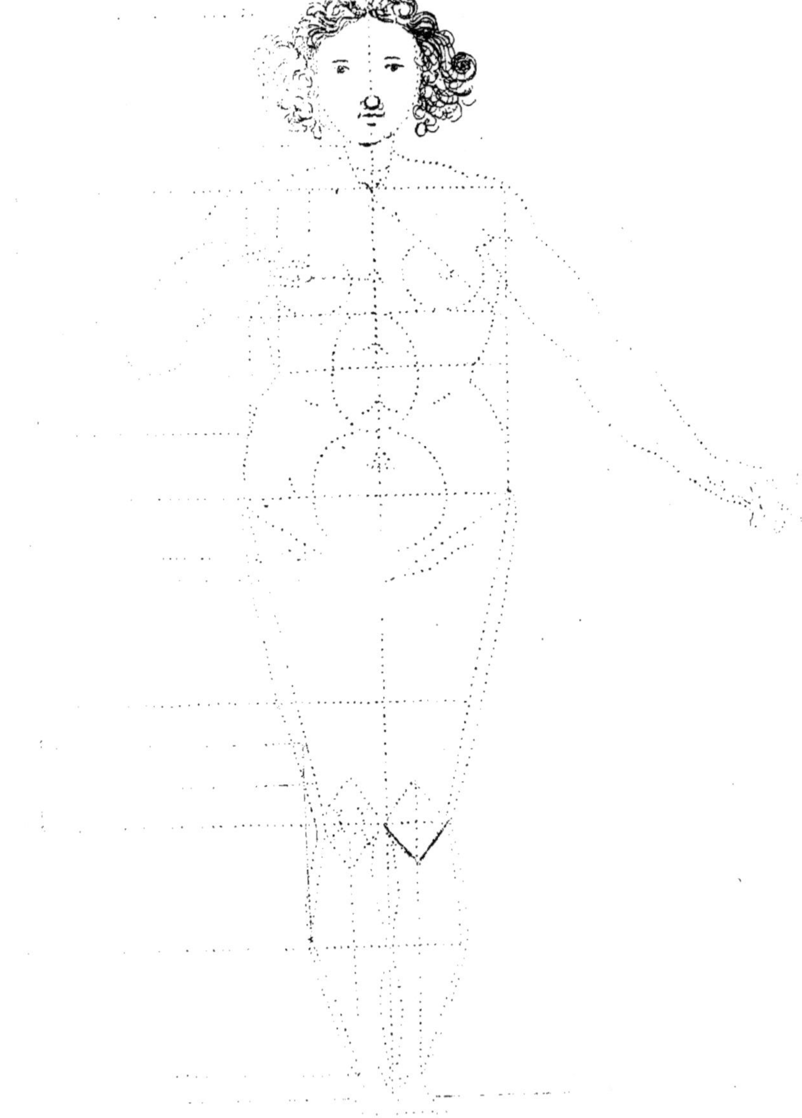

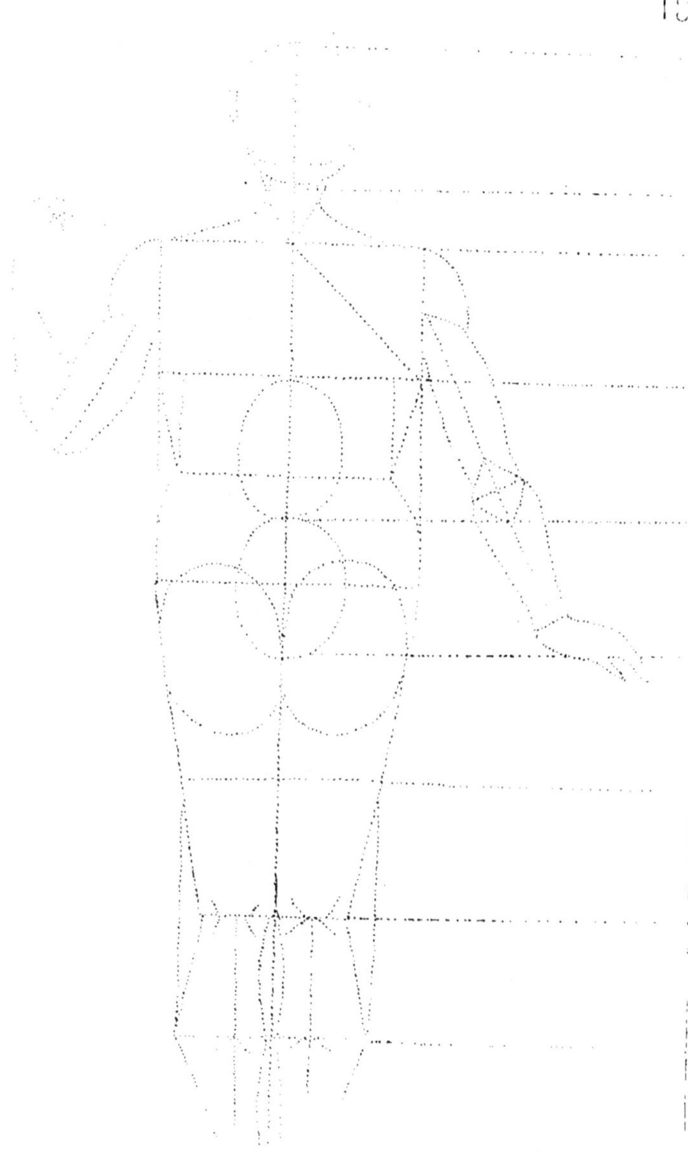

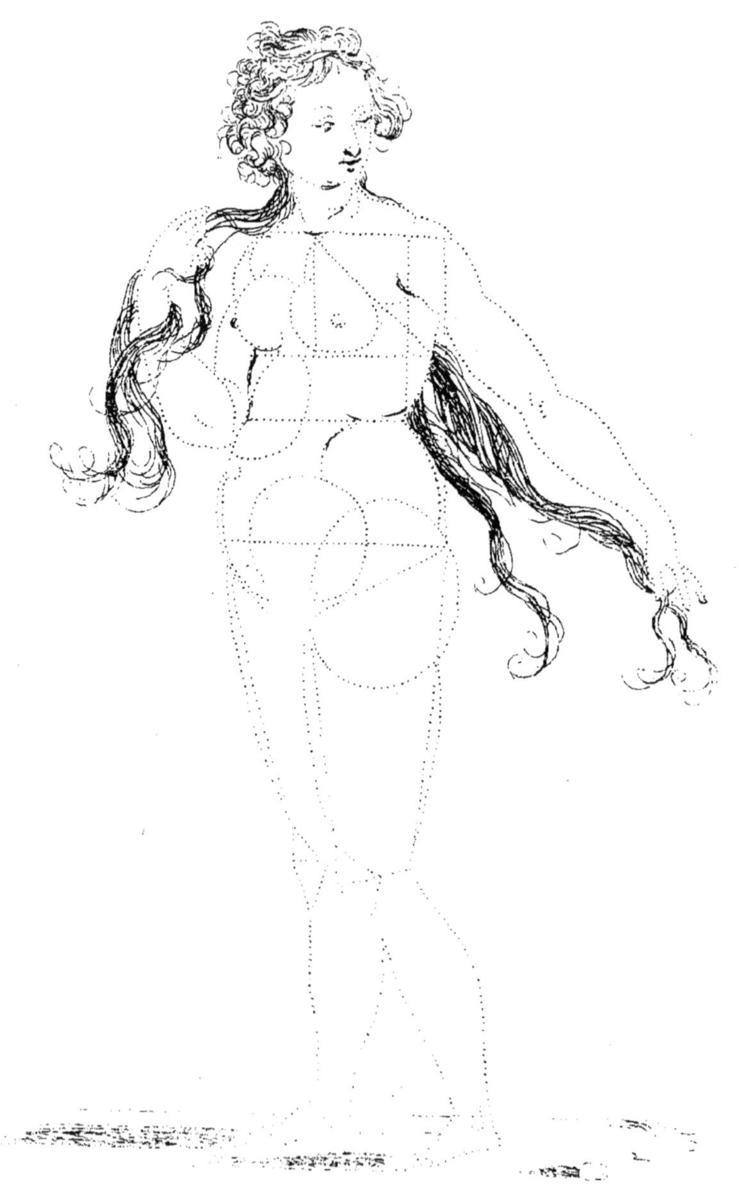

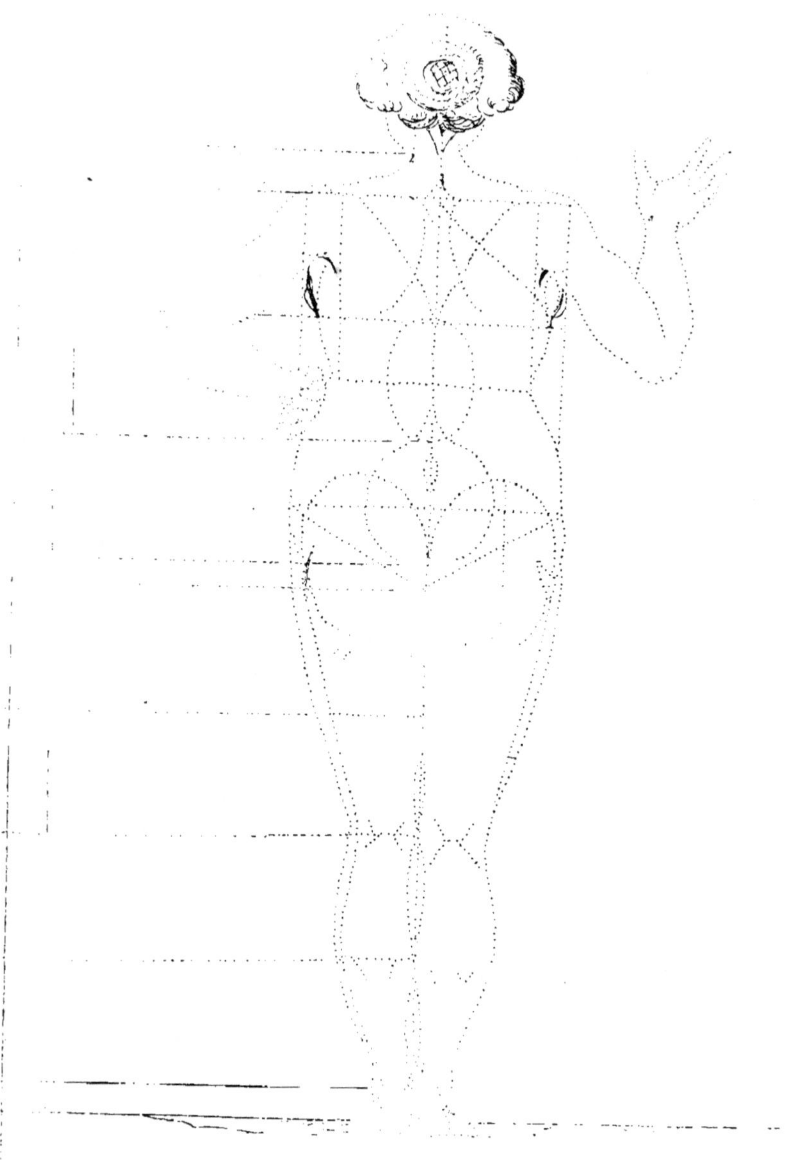

LX

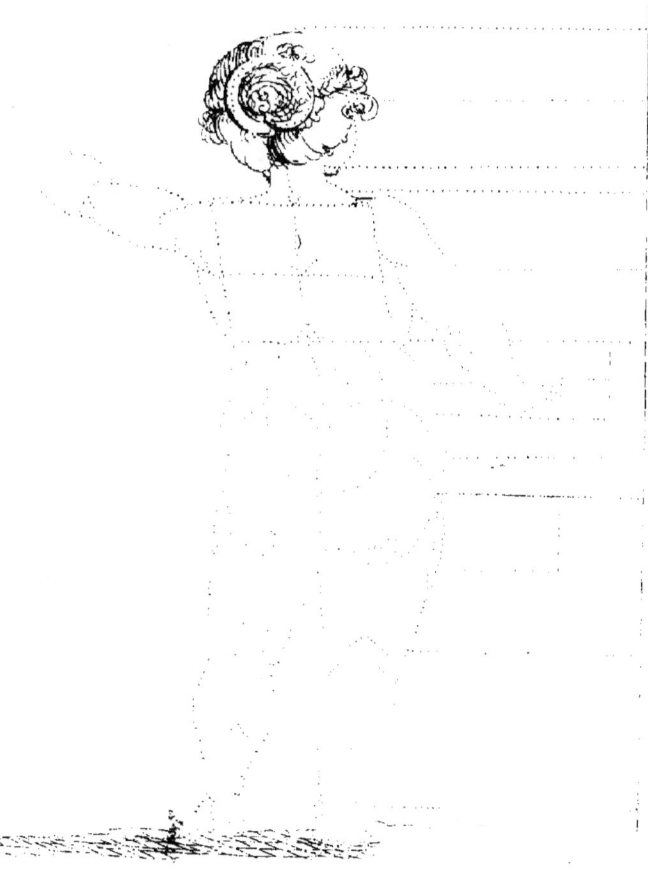